AF468890

# LA CONVERSION DV SIEVR MESTAYER, CY DEVANT MINISTRE DE LVSIGNAN, FAICTE EN LA VILLE DE POICTIERS le 23. iour de Mars 1617.

*Ayez les pieds chaussez de la preparation de l'Euangile de paix.* EPH. 6. ℣. 15.

*A POICTIERS,*

Par A. MESNIER, ET I. THOREAV, Imprimeurs ordinaires du Roy.

*Auec permission.*

# A MESSIEVRS DE *l'Assemblée Prouinciale conuoquée à Thoüars au 4. d'Auril prochain.*

MESSIEVRS,

Ie vous prie de receuoir, lire, & Iuger en conscience des causes de mon absence de vostre assemblée, de ma dimission de mon ministere, & de l'abiuration que j'ay faicte de vostre confession.

Sur la lecture des lettres de Thoüars pour la conuocation de ceste Prouince, i'auois resolu de me trouuer en vostre assemblée, comme à l'accoustumée selon l'ordre de vos Eglises. Mais i'en fus par apres tout à faict rebuté par vn liuret, qui court de la part du Cercle dernier de la Rochelle, pour preparer les Esprits à la guerre contre le Roy, & les y porter en ſuite par l'Authorité d'vne aſſemblée generale, qu'on pretend faire en ladicte ville au quinzieſme d'Apuril, ſans Breuet du Roy, comme le veulent les Edits, voire contre ſa volonté, & ſans aucun beſoin, & laquelle on veut legitimer par les prouinciales.

Ie me ſouuiens de ce qui ſe paſſa à Thoüars en ſuite de la generale de Saumur, ou les brigues furent eſtalées à la veuë d'vn chacun pour faire changer la nature de l'aſſemblée contre l'intentiõ des Egliſes, & au deſſus du pouuoir qu'elles auoient donné à leurs deputez, la nous euſmes, non des ouuertures, mais des reſolutions du bas Poictou, qui ſeruirent de Loy à toute la compagnée, outre que les Egliſes de ces quartiers venoient catechiſes par ceux que vous ſçauez, ils leurs repetoient la leçon tant que l'aſſemblée dura.

Ainſi euſmes nous en vne aſſemblée mixte, non Synodale par leur artifice des conducteurs non boiteux, aueugles, & bossus, comme on la dit despuis au sens literal des President, Adjoinct, & Secretaire de la Generale de Grenoble, mais muets, aueugles & manchots au sens mystique, qui tomberent en prouerbe des la premiere seance : car on disoit, nous auons vn President qui ne sçait parler, vn Adjoinct qui ne sçait pas prier Dieu, & vn Secretaire qui ne peut escrire, ny lire son escriture. Ce que ie ne resueille point pour les offencer particulierement. Vous exclustes de vostre conseil les Gouuerneurs & Pensionnaires du Roy, sous esperance d'en accroistre le nombre: vn Ministre traicta indignement & impunement vn Seigneur de merite: Deputastes vers le Roy deux personnes impertinentes, qui disoient par toutes les hostelleries, Nous allons nous faire crucifier pour le public; & finistes vostre action par le tesmoignage d'vn desesperé endurcissement en trois Pasteurs, qu'on ne cuida jamais ramener à quelque reconciliation, vous en estes memoratifs, Messieurs.

Iay apprehendé que les mesmes choses fussent maintenant continuées, & de voir pis, car vous ne vous amandez point: Aussi ne peut-on attendre autre chose en suite dudit liuret, lequel sans auoir esgard que le Synode National est conuoqué en Bretaigne au dixseptiesme de May prochain, auquel on pouroit aduiser à la conseruation des Eglises si besoin estoit, comme on fit à Priuas & à Touneins, presse & indit l'Assemblée generale au quinziesme d'Apuril, & veut par ce moyen occuper les Synodes prouinciaux, non à dresser memoires pour le National, mais pour ladicte Assemblée Generale, soubs esperãce que cela se poura faire sans bruict. Ioint que ie suis tesmoin, que dernierement à sainct Maixent le lieu de Thoüars fust brigué, qui me faict craindre, que ce ne fust sans penser au mal present, qui s'ourdissoit des lors, I'ayme donc mieux que d'autres soient spectateurs, complices,

& approbateurs de vos mouuements, & resolutions hardies & dangereuses.

Et pource que ioinctes à celles de Priuas, la Rochelle, Touneins, Grenoble, &c. elles ont meritoirement attiré du blasme sur le Ministere, & l'ont couuert d'opprobre, qui faict qu'on l'appelle Ministere d'iniquité parmy les plus zelez depuis la Generale de Saumur, à cause des profondeurs de Sathan que les Ministres tirerent de leurs ames pour les mettre sur le tapis: Ie n'ay peu, deu, ny voulu retenir mon ministere d'auantage, & me suis resolu, fortifié par l'inspiration de Dieu, de le remettre entre vos mains au lieu mesme ou ie l'ay receu de vous il y a pres de douze ans, 2. Co. 3
vous priant de le supprimer & le vostre, ou le rendre meilleur, non Ministere de la lettre qui tuë, ministere d'ire, ministere de condemnation & de mort, tel qu'il est euidemment en nos iours; Mais ministere de 2. Co. 5
l'Esprit, ministere de vie & de reconciliation, tel qu'a esté celuy des Apostres & ce-

l'Eglise Romaine, & correspondant à la dignité de l'Euangile de paix, lequel ie vous enuoye, pour l'estudier durant vostre sejour oiseux, pour le prescher au retour à vos troupeaux, & le leur faire pratiquer à la gloire de Dieu, & au bien de l'Estat, vous monstrans vous mesmes en bon exemple à eux en cela & toute autre chose bonne: aux Euangeliques l'Euangile de paix, & aux Reformés est propre aussi ledit Euangile, qui est l'vne des principalles pieces qui decore la vraye reformation, & la marque asseurée pour en bien iuger. Il est tout tiré de l'Escriture, comme le verifient ses Apostilles, vous ne le sçauriez honnestement rejetter, vous qui feignez ne reconnoistre pour principe de la foy & des meurs que l'Escriture: Neantmoins il combat les resolutions de guerre & rebellions contre le Roy, & suffiroit pour iustifier non seulement ma demission de mon ministere, mais aussi l'abjuration de vostre Confession, d'autant que l'opprobre du ministere re s'espand par toute la religion, qu'on dit n'estre plus pretenduë reformée, mais manifestement difformée de mouuemens & troubles seditieux, ne tendans qu'a confusion & anarchie, & faire en l'Estat ce qu'on a faict en l'Eglise.

Toutesfois pour vous mieux contenter sur le subject de mon abjuration & principallement les simples ausquels vous persuadez que vos mains d'Esau n'empeschét pas que vous n'ayez la voix de Iacob, comme en faict foy vostre Confession, voicy des remarques sur icelle, qui ne seront hors de saison : puis qu'elles seruiront à remplir les memoires pour vostre Synode National.

1. L'article troisiesme retranche quelques vns des liures saints comme Esdras, Iudith, Baruc, &c. que nous voyons incorporez aux liures que vous receuez en toutes les Bibles Geneuoises & autres, & les marges de ces liures remplies de cottes de passages renuoyans le lecteur au nouueau Testa-

ment, qui verifient que Iesus Christ & les Apostres s'en sont seruis, comme des autres sans aucune exception , & qu'on y peut fonder quelque article de foy contre la fin de l'article 4. Donques ou ostez ces liures du corps de la Bible, ou incorporez y desormais l'institution de Caluin qui est vostre Sapience, ses sermons qui sont vostre Ecclesiastique, & le liure de vos martyrs qui sont vos Macchabées , pour les faire mieux reconnoistre, ou supprimant tous les exemplaires d'aujourdhuy faictes en de nouueaux, ausquels ne se trouuent lesdites cottes marginales autant ou plus frequentes qu'aux autres liures de l'ancien Testament.

2. Sur l'art 5. Aduisez si voulants assujetir tout le monde à la seule Escriture, sans y rien adjouster ny diminuer pour vous insinuer dans les cœurs, & vous faire admirer, vous mesmes n'estes pas coupables d'eseigner & faire outre & contre icelle, & ainsi meritez qu'on vous die, Toy qui iuges les

autres tu es ſans excuſe en ce que tu commets les meſmes choſes, Rom. 2. v. 1. Car vous adjouſtez à l'Eſcriture, comme l'Euangile de paix le faict voir, enſemble le formulaire de vos prieres, adminiſtrations des Sacremens, Catechiſmes, Confeſſions, Predications, Commentaires, lieux communs &c. L'inſtitution de vos Anciens & Diacres, perſonnes vaquantes aux eſtats & affaires du monde contre la deffence de S. Paul 2. Tim. 2. Et leur employ a donner la coupe en la diſtribution de la Cœne, outre & contre l'Eſcriture qui ioinct la diſtribution publique des Sacremens à la predication de la parole, & par vn tel employ reconnoiſſez le pain de la Cœne eſtre plus excellent que la Coupe, puiſque les Anciens ne le donnent iamais, eſtant vn priuilege ſpecial aux Miniſtres priuatiuement aux Anciens. Le meſme ſe iuge du nouueau Article de foy touchant l'Antechriſt que vous auez forgé deſpuis peu, le contenu duquel n'eſtoit creu du temps de Ieſus

Christ, des Apostres, ny auant le sixiesme siecle comme vous le reconnoissez. Aussi si vous ne pouuez trouuer le Pape en l'Escriture pour luy laisser sa place entre les Pasteurs, comment le trouuez vous en icelle pour le flestrir de l'Antichristianisme. Il seroit plus passable de dire qu'il n'en est parlé ny en bien ny en mal. *Non entis non sunt affectiones.*

ET Comme par ce que dessus vous adioustés à l'Escriture, aussi vous en retranchés visiblement. IESVS-CHRIST fit la
*Math.* 26. Cœne au soir, & sainct Paul au soir : voila
deux exemples, vous la faictes au matin,
*Et.* 9. il la fit assis a table, auec des hommes seulement, vsant de pain sans leuain, faisant donner la coupe de main en main à ses di-
*ath.* 6. sciples: vous la faictes en cheminant, y receuez les femmes, vsés de pain leué, le peuple ne donnant la coupe l'vn à lautre: vous ne pratiquez point le lauement des pieds authorisé par la pratique, & commendement de IESVS-CHRIST Ieh. 13.

Le ieusne en l'ordination des Pasteurs comme les Apostres Act. 13. La forme de prophetiser & interpreter l'Escriture descripte au chap. 14. de la 1. aux Corinth. Ne vous assemblés point tous les iours pour le seruice de Dieu, comme ils faisoiét Act. 2. ỷ. 46. Bref. auec eux ne montez point au temple à neuf heures pour prier Act. 3. ỷ. 1. Monstrez nous donc quelque pouuoir de Dieu qui vous dispense de la rigueur que vous tenez aux autres, ne leur souffrants d'adiouster, ou se departir tant soit peu de l'Escriture. Aussi cherchez des preuues pour plusieurs points de vostre Confession & remplissez ses marges.

Art. 8. vous confessez que Dieu dispose & ordonne de tout ce qui aduient au monde, qui est enseigner que Dieu a ordonné la cheute d'Adam, laquelle vous dittes, article 9. estre aduenuë par sa faute, tellement qu'il y a de la faute à suiure l'ordonnance de Dieu. *Impieté.*

Art. 9. Vous dittes que la nature de l'hõme est du tout corrompuë, qu'il a perdu toute integrité sans en auoir rien de resi-du, & incontinent apres qu'il a encores quelque discretion du bien & du mal, & de rechef le nyés Article 12. disants que de nature nous ne pouuons auoir vn seul bon mouuement, ny affection, ny pensée, en quoy il y a de la contradiction & de l'inconstance.

Art. 28. Que ceux qui communiquent aux ceremonies de l'Eglise Romaine se separent & retranchent du Corps de Iesus Christ ( vous ne sçauriez pis dire des Turcs, & Atheistes, si a elle la foy en vn seul Dieu Pere, Fils, & S. Esprit, & de la verité de l'Incarnatiõ, Mort & Resurrection du fils de Dieu pour nostre salut. &c. ) Puis sans y penser aduoüez que la substance du
Gal. 3. Baptesme est demeurée en icelle. Or au
℣. 2. Baptesme nous sommes non despoüillez, mais reuestus de Iesus Christ, & au Baptesme Entez en son corps dit l'Article 35.

D'abondant s'il y a quelque trace d'Eglise encore de nos iours en icelle, comme confesse l'article 28. pourquoy vos deuanciers s'en sont ils separez pour reformer l'Eglise, trauaillants hors icelle, & sans ses conducteurs? Ainsi à present reformez vous l'Estat hors de l'Estat & separez des Officiers & Ministres de l'Estat. Qui empesche qu'on n'argumente de la verité du Baptesme de tout temps en l'Eglise Romaine à la verité de ladite Eglise, & ainsi qu'il est plus necessaire d'estre membre de la Romaine comme plus ancienne & la mere des autres, que de la pretenduë reformée?

L'art. 30. pour l'egalité des Pasteurs est vne pure mocquerie, car dans toutes les Prouinces il n'y a que deux ou trois Pasteurs qui facent tout, les autres s'en plaignent. L'institution des conseils ausquels entrent les Ministres les esleue pour le moins au dessus du reste, car comme Conseillers ils ne sont comptables de leur administration à Consistoires, Colloques, ny Synodes, & de nos iours on commence à dire le premier & le second Ministre d'vn tel lieu,

L'art. 31. touchant la vocation, destruict son exceptiõ, qui est sans cotte de passage, par la modification de sa fin, car comment rendra-on tesmoignage de vocation selon que veut S. Paul. Tite. 1. qu'on cotte, si le Ministre s'est appellé soy mesme n'ayant esté examiné en sa doctrine & vie selon les formes legitimes & accoustumées.

L'art. 35. confesse qu'au Baptesme nous auons vne signature permanente, & ailleurs on combat le charactere ineffaçable des Sacrements.

L'art. 37, conjoinct auec les signes la vraye possession & ioüyssance de ce qui nous y est presenté, & neantmoins les Ministres combatent la presence reelle du Corps de Iesus Christ au S. Sacrement, qui est si expresse esdits mots, & qui a esté creuë par Caluin autheur de la Cõfession, qui au liure de *Cœna Domini* entre ses opuscules reconnoist

reconnoist que *Signa non sunt nuda & vacua, sed habent rem internam & significatam sibi coniunctam.* Et dit expressement en l'institution lib.4.c.17.nu. 19. *Corporis & sanguinis Domini communicatio sub sacris cœnæ symbolis exhibetur.*

Cecy suffira pour le present, car d'autres y ont passé deuant moy, & faut laisser quelque chose a ceux qui aurõt le courage de nous suiure. Si pourtant vous nous donnez la paix, comme vos Cercleurs se vantent d'en auoir seuls au mõde le moyen, i'espere que parmy cette commodité Dieu me fera la grace d'examiner plus particulierement vostre confession, & de faire voir aux plus passionnez des vostres, combien vous effectués mal ce dont vous vous vantez tant, qui est de ne rien croire outre & contre l'Escriture, & ainsi de iustifier de plus en plus mon abiuration que „i'ay faicte (ie dis verité en Christ ma „conscience m'en rendant tesmoignage „par le S. Esprit) par la seule inspiration de Dieu, qui s'y est serui de vostre manifeste pour occasion, & de la cognoissance de vos erreurs en matiere de foy pour cause, & en la mer de ses misericordes me regardant en pitié m'a prins par la main, & tant tiré qu'il m'a sorti de chez vous, pour m'amener a l'assemblée des saincts, (desquels les noms sont escrits au liure de vie) C'est à dire en la societé & communiō de l'Eglise Romaine, hors laquelle i'estois né, & auois vescu iusques a maintenant, & la m'a faict abiurer comme.

I'ABIVRE de cœur & de bouche la cōfessiō de foy des Eglises Pretendues Reformées, & toutes autres heresies, renōce a la participation de son Ministere, deteste toutes les rebellions des Ministres vniuersellement qui ont la direction des affaires publiques des Eglises, contre le Roy, & son Estat, abhorre leurs menées pour corrompre les bons seruiteurs du Roy & ruiner entierement l'Estat.

RECOGNOIS l'Antiquité du S.

Siege Apostolique, la verité de sa religion en toutes ses parties, & la Sainctеté de ses conducteurs. a laquelle il ny a rien de cõparable en tout le reste du mõde, me sous mets & assubiectis a son authorité, proteste de viure & mourir en sa communion. Prie de tout mon cœur les Catholiques de r'allumer leur zele, & garder soigneusement ce qu'ils ont dés le commencement de peur qu'vn autre ne prenne leur couronne. Adiure au nom de Dieu tous les Ministres de penser a eux, ne plus retenir Rom. 1. v. 18.
„ la verité de Dieu en iustice, mais plustost suiure les sainctes inspirations de Dieu tendantes a la paix de l'Eglise & de l'Estat. Car il nous faudra tous rendre cõpte a Dieu qui doit iuger par son fils Iesus Christ les viuants & les morts. Vien Seigneur Iesus vien, voire Seigneur Iesus vien Amen.

Et pour retourner a vous Messieurs, ie vous prie par les cordiales affections de Iesus-Christ, que considerans que l'Eglise

Romaine est la roche contre laquelle se sont tellement esleuées toutes les vagues des heresies, quelles s'y sont brisées par la
Math. 16 „ force de son chef, (qui luy a promis que „ les portes d'Enfer n'auront point le des- „ sus d'icelle ) que vous souffriez volontairement que les vostres s'y brisent & appaisent aussi, sans iamais de par vous estre suiuies d'autres, affin que viuans tous en grand repos au milieu d'icelle nous seruions Dieu & le Roy d'vne mesme affection, ce que ie vous souhaitte de par luy comme

*Vostre tres-humble & tres-affectionné seruiteur en nostre Seigneur Iesus-Christ.*

IACQVES MESTAYER.

*De Poictiers ce* 23. *Mars* 1617.

# L'EVANGILE DE PAIX

## POVR
## les Conseils, Cercles, Assemblées, Consistoires, Colloques & Synodes des Eglises Pretenduës Reformées de France.

DIeu commanda sous l'ancien Testament a son peuple marchant en battaille pour conquerir le pays de Canaan, qu'il luy donnoit en propre, de presenter la paix aux villes ennemies, & la traiter auec elles, si elles la vouloient accepter, & nostre Seigneur Iesus-Christ le Fils de Dieu a commandé a ses Disciples sous le nouueau Testament, qu'entrans en vne maison, ils luy dissent, Paix te soit. Ainsi le Dieu de paix a voulu former & façonner

*Deut. 20. 10.*

*Luc. 10.*

son peuple a l'amour & poursuitte de la paix.

Paix de laquelle le nom est tres-beau, & la chose meilleure, le plus grand bien qui puisse estre donné a vn Estat. Les Hebrieux s'entreuisitans se demandoiẽt, y a-il paix. Et nostre Seigneur nous visitant par sa presence corporelle nous a fait annoncer la paix à sa naissance par vne
*Luc 2.* armée d'Anges celestes. Paix (disoyent-ils) en terre, entre les hõmes bõne volõté. Paix
*Iean 16* qu'il nous a laissée par testamẽt. Paix qu'il
*Ephe.2.* a moyenée en la croix. Paix enfin qu'il nous conserue pour vn iamais. Aussi qu'attẽdroit on du Prince de Paix, qui iadis a esté figuré par Melchisedec Roy de
*Heb.7.* Paix, que la Paix? Son Euangile est l'E-
*Eph.6.* uangile de Paix, & ceux qui haïssent la Paix, se condamnent par là de ne point
*Gen.8.* suiure l'Euãgile de Christ. La colombe apporta la branche d'oliue en l'arche pour monstrer que la Paix est propre à l'Eglise de Dieu, & le temple fut basty en Ierusalẽ,

qui est interpretée visiõ de Paix, & par Salomon pacifique non par Dauid homme de sang & guerrier, & sans coups de marteau pour nous enseigner que là où il ny a point de Paix, là il ny a point d'Eglise, que ceux là seuls qui aiment la Paix, sont instrumens propres pour edifier l'Eglise, & que le bruit & tumulte ne doit s'ouir parmy son edification.

Partant Dieu veut qu'entent qu'en nous est, nous ayons Paix auec tous hommes. *S.* Paul mesme parlant des armes du Soldat Chrestien par lesquelles il cõbat le diable, ses cõuoitises, & les meschãs, no⁹ en joint expressemẽt que no⁹ soyõs chaussez de la preparation de l'Euangile de Paix, pource que si les piedz de ceux qui annõcent la Paix sont beaux, combien plus beaux les pieds de ceux qui la concilient & fomentent, desquels Iesus-Christ dit au chap. des Beatitudes. Bien-heureux sõt ceux qui procurent la Paix, car ils seront appellez enfans de Dieu.

*Rom.* 12. *Eph.* 6. *Rom.* 10. *Mat.* 5.

Comment est-ce donc, que ceux qui se disent estres seuls la vraye Eglise, & auoir parmy eux toute la reformation,& tout l'ordre, trauaillent tant à desbaucher les seruiteurs du Roy, à rompre la Paix de l'Estat & nous ietter aux mal-heurs d'vne guerre ciuile? Sont-ce là les fruits de leur Euangile & reformation? Crions icy auec
Iere. 4. Ieremie, Mon ventre, mon ventre ie suis en douleur, l'enclos de mon cœur, mon cœur me bruit, ie ne me puis taire, car mon ame tu as ouy, le son du cornet, & le retentissement bruyant de l'alarme, vne ruine est appellée par l'autre. Iusques a quand verray-je l'enseigne, & orray-je le son du cornet? A la mienne volonté que i'eusse au desert vne cabane de voya-
Iere. 9. 1. & 2. gers, i'abandonnerois mon peuple, & m'en irois arriere d'eux?

Les Ministres des Eglises Pretenduës Reformées non contens des maux, qu'ils ont au passé procurez au Royaume, trauaillent a luy rendre ses peines eternelles,

les, preparans vn chacun à la guerre par vn libelle, que le Cercle de six Prouinces tenu freschement à la Rochelle fait courre par les Eglises pour monstrer la necessité d'vne assemblée generale indite au quinziesme du mois prochain, qu'il faut conuoquer sans la permission du Roy, & contre sa volonté expresse pour iuger du party qu'on doit prendre.

Ce libelle porte quand & soy sa refutatiõ, l'en laisse l'examẽ, & cẽsure aux vrays frãçois, & fidelles seruiteurs du Roy, & me contenteray d'en representer quelques traicts remarquables, Recognoissans les diuers sentimens de plusieurs, & notamment des Grands sur laditte assẽblée, ils se font forts de reünir les esprits par l'authorité d'icelle, qui sera dauãtage en mespris à ceux qui ne la peuuent approuuer, qu'elle est conuoquée contre les formes, & en despit de ceux qui y ont le principal interest.

Apres feignans de vouloir conclurre à

leurs meschancetez.

Peuple Chrestien pensez y. Voulés vous
Gen.16 qu'on die tousiours de vous, que vous estes
12. de la race d'Ismaël, qui deuoit leuer ses
mains contre vn chacú, & sentir les mains
Gen.27 d'vn chacun appesanties sur luy ? ou de
40. celle d'Esaü, qui ne deuoit viure que par
son espée? ou est la simplicité colombine
tant recommandée aux Apostres par no-
Math. stre Seigneur Iesus-Christ? Quoy dirons
10. nous qu'à force de chanter.

Ps. 28. *En leur bouche ils n'ont que concorde*
*Mais leur cœur a tout mal s'accorde.*

Vous auez succé le mal'heureux venin de contention, & ainsi fait paroistre que vostre sapience, n'est point d'enhaut, mais
Iac. 3. terrienne, sensuelle, & diabolique, car la sapience d'enhaut est pure, paisible, moderée, traitable, pleine de misericorde, & de bons fruits, sans faire beaucoup de difficultez, & sans hypocrisie.

Vous estes tousiours en action, trauaillez a desbaucher les bós seruiteurs du Roy,

les autres Eglises, qu'ils feignent fort greuées, & la dessus que n'employe-ton pour le luy persuader iusqu'a dire qu'elle aura l'honneur d'auoir donné le moyen à toutes les Eglises de pouruoir à la seureté generale, qu'elle obligera par ce fait toutes les villes du Royaume, q'uelle procurera le bien du seruice du Roy, qu'elle meritera le nom de ville capitainesse, qui est cõtinuellement au guet & en garde pour leur maintien & seureté.

Que peut-on adiouster à toutes ces meschantes persuasions, & d'où nous viénent elles que des Ministres, qui sont partie de tous les Conseils, & nous tirent ces fleurs de pieté & fidelité enuers leur Prince naturel de la quinte essence de leur reformation? O Dieu fais moy la grace de veoir auec tous les gens de bien ces Ministres Conseillers, qui ne veulent rendre la paix au public, qu'on leur demande auec tant d'instance, abandonnez tout a fait par le peuple pour punition meritée de

ſuiure le Roy, ils ſe deſcouurẽt manifeſtement auoir vne intention toute-autre, en ce qu'ils diſent, qu'il faut iuger du vray ſeruice du Roy, & crient contre les Miniſtres de l'Eſtat, qui eſt ſe ioindre del-apreſét par preiugé au ſeruice de ſes ennemis.

Ils mettent auſſi en auant la demande d'aſſiſtãce, que faict Monſieur de Bouillon aux Egliſes, la ſouſtenans digne de ladite conuocatiõ. Ou és tu grand Henry durant le reigne duquel on n'euſt ozé pẽſer à telles laſchetez? On à veu autreſ-fois Monſieur de Bouillõ en peine, les Egliſes n'õt ozé eſpouſer ſon intereſt: le Sieur Primeroſe enuoyé en Alemaigne pour l'affaire de Piſcator, ſoubçõné d'ẽ auoir touché quelques mots de la part du Synode de Gap, vint en Cour pour s'en iuſtifier, & aſſeurer le Roy du contraire. Finalement mettãs en ieu le faict de la Rochelle, comme capable d'alarmer vn chacun, ils ſont contraints de confeſſer qu'elle à cõtentement, qui fait qu'on la prie de noublier

fin, mais non iamais loups, pource que les lions mangent les loups, & qu'auriez à craindre deuenans loups d'estre la proye du Diable, lequel tournoye comme vn lion rugissát, cerchant qui il pourra deuorer. 1. Pier. 5.

Que les Ministres vous dient. Seruons nous du temps, & le rachetons. Respondez ouy pour bien faire, & esprouuans la bonne volonté de Dieu, qui est formelle a ce que nous soyons subiets aux puissances superieures, mesmes pour la conscience, & que nous portions honneur & rendions obeissance entiere aux souuerains, quand mesmes ils seroient fascheux, que ce seroit se seruir du temps & le racheter, que de se deporter volontairement de ses plaintes, attendre vn temps plus paisible à les faire, donner ses interests au seruice du Roy, qui le recognoistroit vn iour. Tout ce qui est iuste, & licite, n'est pas tousiours expedient dit S. Paul. Ephe. 5. Rom. 13. 1 Pier. 2. 1. Cor. 10.

Que les Ministres vous dient nous cô-

si elles durent tant, ce qu'à Dieu ne plaise, tout le profit en est reuenu a l'Assemblée, qui a partagé les deniers du Roy, & des Eglises, a gaigné a ses mignons des gouuernemens estats & pensions.

Et notez que sur cela il n'a esté loisible de riẽ dire, non pas aux Assemblees Prouinciales, qui l'ont suiuie, là on a veu les Ministres en prendre la cause en main, & demãder censures contre ceux qui auoiẽt osé se plaindre de ces hardies entreprises. I'ay veu interrompre vn Ministre, qui se plaignoit que les soldats du Seigneur ez maisons duquel il presche, l'auoient traité non en Ministre, tel qu'il estoit, mais en Prestre, & pis qu'vn Prestre. Cela est trop frais pour l'oublier si tost.

Que les Ministres vous dient donc maintenant. Qui se faict brebis le loup le mange. Respondez leur, que vous n'estes point las d'estre brebis, Nostre Seigneur Iesus-Christ l'à esté, est mort tel, que vous le voulez aussi estre, & le serez iusques a la

regardés inceſſament d'ou viendra le remuement pour vous y ietter. Souuenez vous que ſans voſtre conſentement, voire ſans vous en parler les Miniſtres a Grenoble vous vnirent aux ennemis du Roy, luy oſterent voz Deputez, leſquels ſa Maieſté vous donne & entretient, les mirent à la ſuitte de ſes ennemis, que leur preſence n'apporta aucun bien ni ſoulagement aux Egliſes, qui furent pillées deuant leurs yeux, & ſouffrirent plus de ce coſté, que de celuy du Roy, qui auoit ſuiet d'eſtre porté a toute indignation a l'encontre d'elles.

En vn lieu on pendit vn Miniſtre en effigie contre ſa chaire, en l'autre on pilla ſa maiſon, en l'autre on demolit les temples, en l'autre on les changea en eſtables de cheuaux & voiries, le tout pour le ſeruice du Roy, & pour le bien des Egliſes, qui ont plus perdu en quatre ou cinq mois, que ne leur donneront toutes les Aſſemblées generales, qui tiẽdront en cent ans,

clurons au seruice du Roy. Respondez ouy comme au passé, dont l'histoire vous rendra vn merité reproche.

Que les Ministres vous dient. Mais nous souffrons tant & tant d'iniustices. Respõdez Ingratitude indigne. Iamais les Eglises n'eurent vne si profonde & asseurée paix, Nous auons trẽte mille escus d'augmentation par an, bonne part aux charges & honneurs, par tout liberté de prescher.

Que les Ministres vous dient. Nous iugerons du different present. Respondez auec le Seigneur, Qui no⁹ a establis iuges, nous qui sommes trop heureux de n'estre point iugez, comme ont esté nos peres, ce n'est point a nous de toucher la, nous suf-
1. Th. 4 fit de faire nos propres affaires, & de prẽdre garde que nous ne souffrions comme
1. Pie. 4 curieux des affaires d'autruy. Prions Dieu pour la paix & reconciliation des esprits diuisez, rengeons nous auec le Roy, a fin que ses ennemis soyent cõtraints de s'humilier

milier sous luy, & de retourner a leur deuoir : pour cela il ne faut point d'assemblée, ne de consultation, car tous les gens de bien le doiuent.

Que les Ministres vous dient. Nous sommes forts, & pouuons rendre victorieux le party qui nous aura. Respondez auec Tertullien en son Apologie à l'Empereur, Nous auons remply vos villes & vos champs, vos palais, & vos armées, ou est l'Empire qui nous peut resister, si nostre doctrine ne portoit plustost de mourir que de tuer.

Que les Ministres vous dient, Nous accroistrons le nombre des conuertis. Respõdez, qu'icy paroist manifestemẽt l'impieté & atheisme, Car Dieu maudit ceux qui disent faisons mal, afin que bien en aduienne, que tels moyens de conuertir les ames ne sont iustes ny honnestes, qu'il ne resteroit plus que de s'armer pour vider les prisons des scelerats a fin de les cõuertir. Nostre Seigneur laissa souffrir & Rom. 3.

mourir l'vn des larrons pour sa cõuersiõ, & salut, lequel sans doute n'eust esté conuerti ny sauué sans ses souffrances, & sa mort. On doit peu esperer de telles conuersions, & iamais on n'en verra fruicts dignes de repentance.

Craignez que ceste Assemblée face, ce qu'essaya l'autre, qu'elle establisse les Cõseillers des Prouinces pour tousiours, ils en prennent les erres, car ils vont & viennent sans aduertir personne, ne s'estimét contables qu'a eux mesmes, que c'est peu aux particuliers de sentir le mal plustost que l'auoir sceu : vos Ministres par ce moyen quitteront leurs charges, & se ietteront dans le danger de deposition par la Discipline. Plustost ostez les des conseils, & ne souffrez plus qu'aucũ ministre y entre, cest l'intention de plusieurs laquelle on iuge de plus en plus autant necessaire, que iuste.

Toutes ces choses, & plusieurs autres que vostre prudence, & experience vous

peuuent ſuggerer, vous doiuent porter à
la paix, contraindre vos Paſteurs de vous *Mat. 5*
la preſcher & procurer. Adonc ſerez *2. Cor.*
vous enfans de Dieu, le Dieu de paix ſera *13.*
auec vous, le fruiɛt de iuſtice ſe ſeme en
paix pour ceux qui s'adonnent à la paix, *Iac. 3.*
& à l'heure de voſtre mort aurez aſſeu-
rance de veoir le Seigneur Dieu en face.
Par vn ſainɛt amour de paix chantons *Heb. 12*
tous auec les Anges bien heureux. Gloire à Dieu és lieux tres-haut, paix en terre,
entre les hommes bonne volonté. Ainſi *Luc. 2.*
la paix de Dieu, qui ſurmonte tout en- *Phili. 4*
tendement, gardera nos cœurs & nos
ſens en Ieſus Chriſt noſtre Seigneur.
Auquel en ſoit la loüãge eternellement.
Amen.

IL est permis à Anthoine Mesnier & Iulian Thoreau Imprimeurs du Roy, d'imprimer, vendre & distribuer la Conuersion du Sieur Mestayer, ensemble l'Euangile de, paix & deffences à tous autres de l'imprimer, vendre ne distribuer à peine de deux cens liures d'amende, Confiscation, despans dommages & interest, à laquelle ditte sôme les cõtreuenans serõt contrains nonobstãt, appel & par corps, comme il est plus amplement porté dans l'original. Donné & fait en la Cour ordinaire & Presidialle de Poictou à Poictiers le 28. iour de Mars, 1617.

Ainsi signé, FAVVEAV, Greffier.

www.ingramcontent.com/pod-product-compliance
Ingram Content Group UK Ltd.
Pitfield, Milton Keynes, MK11 3LW, UK
UKHW020222200726
13856UKWH00004B/1550

9 782013 052450